**캐슬린 웨드너 조펠드 지음** | 미국 마운트 홀리요크 대학과 미시간 대학교를 졸업했다. 어린이를 위한 과학 및 역사책을 60권 이상 썼고, 미국과학진흥협회, 미국도서관협회 등에서 상을 받았다. 책을 읽고 쓰는 시간 외에는 지역의 자연사 박물관에 필요한 연구를 하거나 현장 작업을 한다.

**프랑코 템페스타 그림** | 공룡과 원시 생물을 사실적으로 그리는 일러스트레이터로, 내셔널지오그래픽과 협업하며 국제적으로 활동하고 있다. 작품이 이탈리아의 나폴리 고생물학 박물관에 항상 전시될 만큼 높은 예술성과 과학적 정확성을 인정받고 있다.

**송지혜 옮김** | 부산대학교에서 분자생물학을 전공하고, 고려대학교 대학원에서 과학언론학으로 석사 학위를 받았다. 현재 어린이를 위한 과학책을 쓰고 옮기고 있다.

이 책은 일리노이 주립 박물관의 크리스 위드가 박사와 메릴랜드 대학교의 독서교육학 명예 교수 마리엄 장 드레어가 감수하였습니다.

**내셔널지오그래픽 키즈 사이언스 리더스**
**LEVEL 2 지구에서 사라진 고대 동물**

1판 1쇄 찍음 2025년 8월 20일 1판 1쇄 펴냄 2025년 9월 15일
지은이 캐슬린 웨드너 조펠드 그린이 프랑코 템페스타 옮긴이 송지혜 펴낸이 박상희
편집장 전지선 편집 유채린 디자인 이슬기 펴낸곳 (주)비룡소 출판등록 1994.3.17.(제16-849호)
주소 06027 서울시 강남구 도산대로1길 62 강남출판문화센터 4층 전화 02)515-2000 팩스 02)515-2007
홈페이지 www.bir.co.kr 제품명 어린이용 반양장 도서 제조자명 (주)비룡소 제조국명 대한민국 사용연령 3세 이상
ISBN 978-89-491-6947-7 74400 / ISBN 978-89-491-6900-2 74400 (세트)

NATIONAL GEOGRAPHIC KIDS READERS LEVEL 2
Prehistoric Mammals by Kathleen Weidner Zoehfeld
Copyright © 2015 National Geographic Partners, LLC.
Korean Edition Copyright © 2025 National Geographic Partners, LLC.
All rights reserved.
NATIONAL GEOGRAPHIC and Yellow Border Design are trademarks of the
National Geographic Society, used under license.
이 책의 한국어판 저작권은 National Geographic Partners, LLC.에 있으며, (주)비룡소에서 번역하여 출간하였습니다.
저작권법에 의해 한국 내에서 보호를 받는 저작물이므로 무단 전재와 무단 복제를 금합니다.

**사진 저작권** 아래에 별도의 언급이 없는 한, 본문에 삽입된 그림은 모두 프랑코 템페스타의 작품입니다.
10-11, Corey Ford/Stocktrek Images/Getty Images; 14, DEA Picture Library/Getty Images; 24, Dorling Kindersley/Getty Images; 28, Javier Trueba Rodriguez/Science Source; 29, Richard Du Toit/Minden Pictures; 30 (UP) Pakhnyushchy/Shutterstock; 30 (CTR), David McNew/Getty Images; 31 (CTR LE), StarlightImages/iStockphoto; 31 (CTR RT, horse), mariait/Shutterstock; 31 (CTR RT, dog), RyanJLane/iStockphoto; 31 (CTR RT, girl), Mark Bowden/iStockphoto; 32 (CTR RT), Pakhnyushchy/Shutterstock; Vocab, koyukahve/iStockphoto; Header (woolly mammoth), freelanceartist/Shutterstock; Header, Fricke Studio/Shutterstock

# 이 책의 차례

아주 먼 옛날의 포유류 — 4

어마어마한 크기 — 8

쓸모 많은 뿔 — 14

몸을 감싼 단단한 갑옷 — 16

6가지 재미있는 고대 포유류 정보! — 18

새끼를 품는 주머니 — 20

엄청난 추위를 이겨 내는 털 — 22

무시무시한 사냥 기술 — 24

도전! 고대 동물 박사 — 30

이 용어는 꼭 기억해! — 32

# 아주 먼 옛날의 포유류

아주 오래전 지구에는 공룡처럼 지금은 볼 수 없는 동물들이 많이 살고 있었어. 그중에는 **포유류**도 있었지. 이들은 오늘날 포유류처럼 온몸에 털이 북슬북슬 나 있었고, 대부분 새끼를 낳아 젖을 먹여 키웠단다.

하지만 **고대**의 포유류는 몸집이 작았어. 그래서 거대하고 무시무시한 공룡들 사이에서 조심조심 살아갔지. 낮에는 안전한 곳에 숨어 있다가, 밤이 되면 살금살금 나와서 움직였어.

**고대 동물 용어 풀이**

포유류: 새끼를 낳아 젖을 먹여 기르는 동물.

고대: 말과 글자 등이 발전하기 전인 먼 옛날.

약 7200만~5600만 년 전에 살았던 키몰레스테스야. 꼬리가 길고 몸집이 작았어.

알파돈은 1억 50만 년 전부터 6600만 년 전까지 살았던 포유류야. 오늘날의 포유류인 주머니쥐와 비슷하게 생겼어.

그러던 6600만 년 전 어느 날, **소행성**이 지구에 부딪쳤어. 쾅! 이 일로 커다란 공룡은 **멸종**해 버렸고, 몇몇 작은 포유류만 살아남았지. 공룡이 모두 사라지자 포유류는 더 이상 숨어 지낼 필요가 없어졌어.

**고대 동물 용어 풀이**

소행성: 높이가 100킬로미터보다 작은 행성.

멸종: 생물의 한 종류가 한 마리도 남지 않고 죽은 것.

그로부터 수백만 년이 흘렀고, 포유류는 점점 많아져서 지구를 가득 채웠어. 생김새도 크기도 무척 다양해졌지. 자, 그럼 이제 아주 먼 옛날 지구에 살았던 여러 포유류들을 만나러 가 보자!

# 어마어마한 크기

고대 포유류 가운데에는 몸집이 아주 큰 동물들이 있었어. 먼저 땅 위를 거닐던 거대한 포유류부터 만나 보자.

우인타테리움은 오늘날 코뿔소만큼 컸던 포유류야. 머리에는 뿔이 6개나 달려 있었지. 입에는 길고 날카로운 **엄니**도 있었는데, 알고 보니 식물만 먹는 **초식 동물**이었대.

우인타테리움은 약 5000만~4500만 년 전에 살았어. 과일, 나뭇잎, 연한 식물 등을 먹었을 거야.

약 4000만 년 전에 살았던 앤드류사쿠스는 강력한 턱으로 작은 포유류부터 곤충, 심지어 거북이까지 잡아먹었다고 해.

**육식 동물** 가운데 몸집이 가장 컸던 포유류는 앤드류사쿠스야. 몸길이가 약 4미터, 머리 길이만 약 90센티미터나 됐어. 게다가 뼈를 부술 만큼 강한 턱도 가졌지.

### 고대 동물 용어 풀이

엄니: 포유류의 송곳니나 앞니 등이 크고 날카롭게 발달한 것.

초식 동물: 식물을 먹고 사는 동물.

육식 동물: 동물의 고기를 먹고 사는 동물.

**Q** 발이 두 개인 소는? **A** 이두보

그런데 땅 위를 누비던 포유류 가운데 앤드류사쿠스보다 더 거대한 녀석도 있었어! 바로 초식 동물이자 뿔 없는 코뿔소인 파라케라테리움이야. 지금까지 알려진 가장 큰 육상 포유류지.

긴 목을 써서 나무 꼭대기의 잎을 뜯어 먹었던 파라케라테리움이야. 약 3700만~2300만 년 전에 살았지.

파라케라테리움은 코끼리 4마리를 합친 것보다도 덩치가 더 컸어. 공룡과도 맞먹을 만큼 어마어마한 크기였지!

고대의 바닷속에도 오늘날의 고래처럼 커다란 포유류가 살았을까? 물론이지. 그 주인공은 바로 고대의 고래 중 하나인 바실로사우루스야!

바실로사우루스의 몸길이는 약 15미터로 버스 2대를 이어 붙인 것만큼 길었어. 거대한 턱에 날카로운 이빨이 가득한 무시무시한 사냥꾼이었지. 바실로사우루스가 나타나면 물고기들은 잽싸게 도망쳐야 했어.

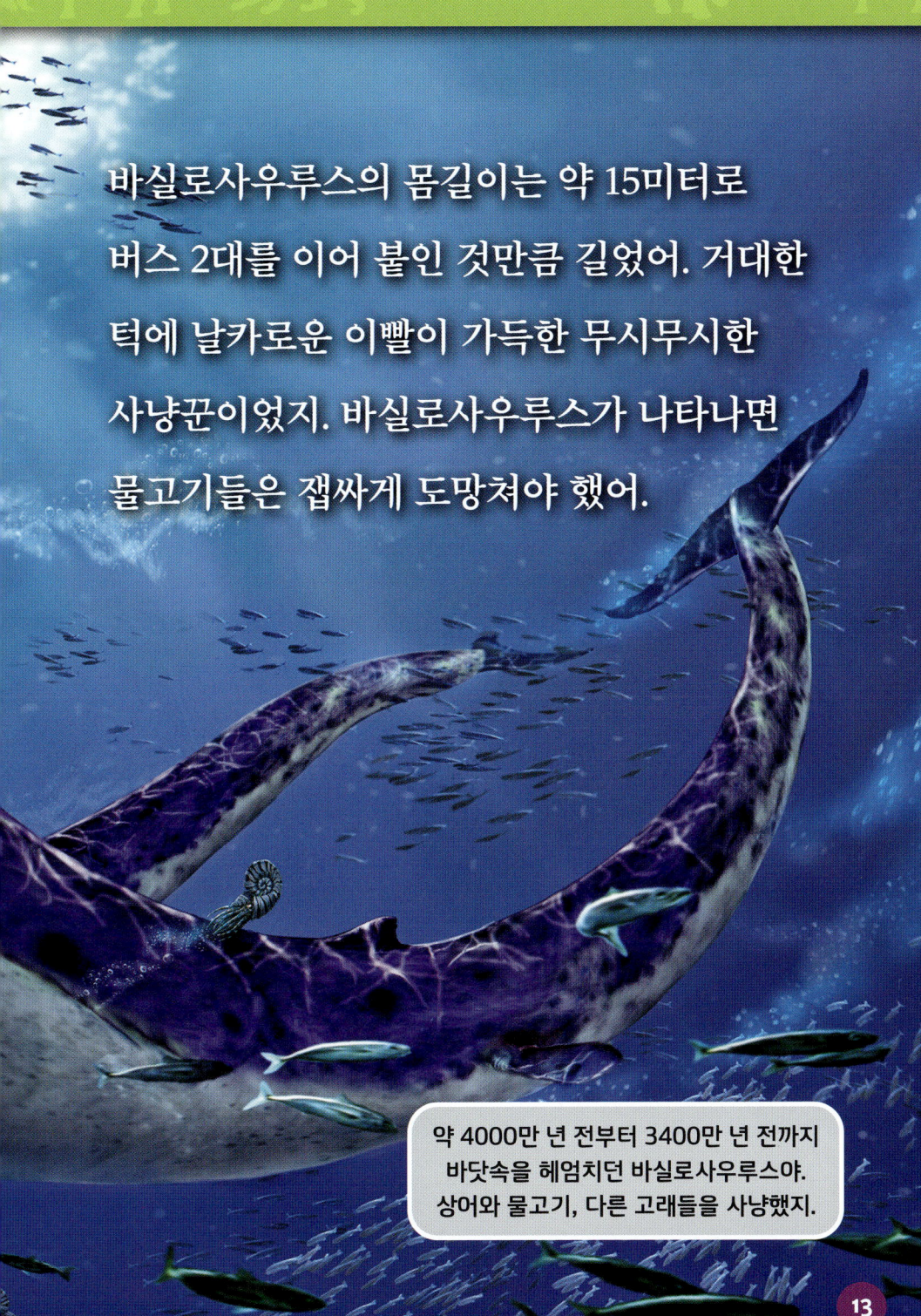

약 4000만 년 전부터 3400만 년 전까지 바닷속을 헤엄치던 바실로사우루스야. 상어와 물고기, 다른 고래들을 사냥했지.

# 쓸모 많은 뿔

고대에는 이상하게 생긴 뿔을 가진 포유류도 살았어. 아르시노이테리움은 코 위에 커다란 뿔이 2개, 눈 위에 작은 뿔 2개가 솟아 있었지. 또 메가케롭스는 코 위에 커다란 와이(Y) 자 모양 뿔이 나 있었어. 둘 다 뿔 모양이 독특하지?

약 3600만 년 전부터 3000만 년 전까지 살았던 아르시노이테리움의 뼈 사진이야. 근육질의 어깨와 튼튼한 다리가 커다란 뿔 때문에 무거운 머리를 단단히 받쳐 주었지.

**Q** 말 머리에 뿔이 두 개 나면 뭐가 될까? **A**

메가케롭스는 약 3700만~3400만 년 전에 살았던 포유류야. 수컷의 뿔이 암컷의 뿔보다 훨씬 더 컸다고 해.

커다란 뿔은 적과 싸울 때 들이받는 무기가 되었고, **짝**을 찾을 땐 다른 동물의 관심을 끄는 장식처럼 쓰였어.

### 고대 동물 용어 풀이

짝: 동물이 새끼를 낳기 위해 함께하는 상대.

# 몸을 감싼 단단한 갑옷

어떤 고대 포유류는 뼈로 이루어진 단단한 등껍질로 몸을 지켰어. 오늘날의 아르마딜로를 닮은 글립토테리움이 그랬지. 글립토테리움의 크기는 소형 자동차만 했다고 해.

약 400만~1만 년 전에 넓은 초원을 누비던 글립토테리움이야. 먹이는 주로 과일과 식물 등이었지.

**Q** 자동차에서 가장 시원한 자리는 어디일까?   **A** 차돌긔배

다른 동물들이 쉽게 공격할 수 없었겠지?

**고대 동물 용어 풀이**

갑옷: 싸움을 할 때 몸을 보호하기 위해 입는 단단한 옷.

# 6가지 재미있는 고대 포유류 정보!

1

땅다람쥐를 닮은 케라토가울루스는 뿔 달린 포유류 가운데 몸집이 가장 작았어. 몸길이는 약 30센티미터, 몸무게는 겨우 2~5킬로그램 정도였지.

2

엔텔로돈은 거대한 멧돼지를 닮은 무시무시한 육식 동물이었어. 악어 못지 않은 턱 힘으로 먹잇감의 뼈까지 부숴 먹었다고 해.

과학자들은 몹시 추운 시베리아 북쪽의 얼음 속에서 매머드의 몸을 찾아 연구하고 있어.

엘라스모테리움은 덩치가 어마어마하게 큰 고대 코뿔소였어. 머리에 약 2미터의 커다란 뿔이 하나 있었고, 몸 전체에는 북슬북슬한 털이 길게 자라 있었지.

티니모미스는 사람의 코끝에 올릴 수 있을 정도로 진짜 진짜 작았어!

거대 사슴 메갈로케로스는 엄청나게 크고 화려한 뿔이 있었어. 뿔 길이는 무려 3.6미터나 됐지. 어른 남자 2명이 발을 맞대고 누운 것만큼 긴 거야.

# 새끼를 품는 주머니

무시무시한 틸라콜레오는 약 250만 년 전부터 4만 년 전까지 살았어. 크기가 사자만 하고 무는 힘이 엄청났지.

고대에는 다양한 **유대류**가 살았어. 그중 틸라콜레오는 특히 성질이 사나운 유대류였지! 크고 날카로운 엄지발톱, 무시무시한 이빨로 스테누루스 같은 동물을 사냥했대.

**고대 동물 용어 풀이**

유대류: 코알라처럼 몸에 새끼를 기르는 주머니가 있는 포유류.

**Q** 아무것도 담을 수 없는 주머니는? **A** 허수아비

스테누루스는 몸집이 오늘날 캥거루의 두 배나 됐던 고대 캥거루야. 몸길이가 약 3미터로 농구 선수보다 훨씬 컸고, 몸무게는 240킬로그램이나 나갔지. 그런데도 달리기가 아주 빨라서 무시무시한 틸라콜레오의 턱을 잽싸게 피해 달아날 수 있었을 거야.

약 250만~4만 년 전에 지구를 뛰어다니던 스테누루스야. 새끼주머니에서 머리를 빼꼼 내밀고 있는 새끼가 보이지?

# 엄청난 추위를 이겨 내는 털

약 200만 년 전, 지구는 **빙하기**에 접어들었어. 하얀 눈이 내리고 매서운 바람이 쌩쌩 부는 추운 겨울이 오랫동안 계속됐지.

빙하기에 살던 많은 포유류의 몸에는 아주 두꺼운 털이 수북하게 나 있었어. 그래야 추운 날씨에도 몸을 따뜻하게 유지할 수 있었거든. 오른쪽의 털매머드와 털코뿔소를 봐! 빙하기 포유류답게 털이 엄청나게 많아!

**고대 동물 용어 풀이**

빙하기: 약 200만 년 전, 지구가 무척 추워져서 얼음과 눈으로 뒤덮였던 시기.

털매머드는 약 20만~1만 년 전에 살았어. 키가 3미터 정도에 무게는 4000킬로그램이 넘는 커다란 초식 동물이었지.

털코뿔소는 키가 2미터 정도였고, 코에 있는 크고 뾰족한 뿔로 먹이를 찾았어. 약 20만 년 전부터 1만 년 전까지 살았지.

# 무시무시한 사냥 기술

빙하기에는 사냥을 잘하는 포유류들이 많았어. 그중 가장 유명한 녀석은 날카로운 엄니를 가진 스밀로돈이야. 스밀로돈의 엄니는 길이가 20센티미터나 됐어! 그 엄니로 먹잇감을 콱 물어서 말이나 들소 같은 동물을 사냥했지. 어쩌면 코끼리만 한 거대 땅늘보, 메가테리움까지 노렸을지도 몰라.

약 100만~1만 년 전, 동물들을 덜덜 떨게 만든 스밀로돈이야. 몸집이 사자와 비슷했고, 입을 아주 크게 벌릴 수 있었어.

약 400만~1만 년 전에 살았던 메가테리움이야. 긴 발톱으로 나뭇가지를 끌어당겨 잎을 먹었을 거야.

하지만 메가테리움 사냥은 쉽지 않았을 거야. 메가테리움은 키가 6미터가 넘었고, 크고 날카로운 발톱도 있었으니까!

빙하기에는 또 다른 강력한 사냥꾼이 살았어. 바로 인간이야! 인간도 포유류의 한 종류지.

고대부터 지금까지 살아온 인간의 또 다른 이름은 '호모 사피엔스'야. 이들은 돌로 무기를 만들고, 여럿이 힘을 모아 털매머드, 털코뿔소 같은 동물을 사냥했어. 잡아 온 동물은 함께 나누어 먹었지.

약 20만 년 전, 호모 사피엔스의 모습이야.
모여서 사냥을 준비하는 것 같지?

약 3만 년 전, 호모 사피엔스는 동굴 벽에 고대 동물의 모습을 그렸어. 그 그림들은 오랜 시간이 지난 지금 세계 여러 곳에서 동굴 벽화로 발견되고 있지. 이제는 멸종해 버린 고대 동물의 모습을 짐작할 수 있는 소중한 자료가 된 거야.

프랑스 남부의 쇼베 동굴에서 발견된 벽화야. 코뿔소와 매머드, 들소 등 12가지나 되는 고대 동물의 모습이 그려져 있어.

고대 털코뿔소는 시간이 지나면서 오늘날의 코뿔소와 같은 모습이 되었어.

지구의 날씨가 변하거나 소행성과 부딪치는 등 환경이 달라지면서 포유류도 조금씩 달라졌어. 지금도 수많은 포유류가 지구에서 살아가고 있단다. 코뿔소처럼 고대 동물과 닮은 동물이 또 뭐가 있을까? 어떤 동물이 떠오르니?

# 도전! 고대 동물 박사

고대 동물에 대해 얼마나 알게 되었니?
퀴즈를 풀어서 실력을 확인해 봐!

새끼에게 젖을 먹이는 동물은?
A. 새
B. 공룡
C. 포유류
D. 파충류

다음 땅 위를 거닐었던 고대 포유류 가운데 몸집이 가장 큰 것은?
A. 코끼리
B. 아르마딜로
C. 파라케라테리움
D. 털매머드

다음 중 고대에 살았던 고래는?
A. 바실로사우루스
B. 땅다람쥐
C. 멧돼지
D. 사슴

**4** 몸에 새끼를 기르는 주머니가 있는 포유류는?
A. 사자
B. 나무늘보
C. 털코뿔소
D. 스테누루스

**5** 다음 중 포유류가 아닌 것은?
A. 말
B. 공룡
C. 강아지
D. 인간

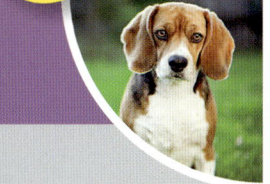

**6** 사진 속 뿔처럼 크고 화려한 뿔을 가진 고대 포유류는?
A. 트리케라톱스
B. 털코뿔소
C. 메갈로케로스
D. 메가테리움

**7** 털코뿔소가 빙하기를 견딜 수 있었던 이유는?
A. 비늘 같은 피부
B. 길고 수북한 털
C. 튼튼한 다리
D. 화려한 깃털

정답: ① C, ② C, ③ C, ④ D, ⑤ A, ⑥ B, ⑦ C, ⑧ B

### 멸종
생물의 한 종류가 한 마리도 남지 않고 죽은 것.

### 빙하기
약 200만 년 전, 지구가 무척 추워져서 얼음과 눈으로 뒤덮였던 시기.

이 용어는 꼭 기억해!

### 유대류
코알라처럼 몸에 새끼를 기르는 주머니가 있는 포유류.

### 포유류
새끼를 낳아 젖을 먹여 기르는 동물.

### 초식 동물
식물을 먹고 사는 동물.

### 육식 동물
동물의 고기를 먹고 사는 동물.